山本五十六のことば

稲川　明雄

新潟日報メディアネット

目次

旗艦「長門」上の山本五十六

はじめに

太平洋戦争時における連合艦隊司令長官の山本五十六の戦略・作戦は、当時の日本海軍の常識を破るものであった。緒戦における日本海軍優位の状況をつくり得たことは、案外アメリカ側をあわてさせたことも確かである。何といわれようと型破りな作戦と寡兵《かへい》よく大勢を破る作戦を創りあげた功績は、名将と呼ぶにふさわしいだろう。たとえ、現代日本において、愚将だとか三等大将だといわれても、対戦したアメリカ海軍が、その実力を認めているのだから、名将と評価してもよいと思う。

しかし、それは個人的にも不断の努力と磨かれた英知によって成し得たものであったのである。駐在武官で飛行機の戦略性を見抜くと、日本海軍の中枢にあって技術と機能の向上に努めた。操縦桿《かん》を握る搭乗員の運勢にまで、配慮して戦略空軍を創ろうとした。

そういった山本五十六の英知はどこに、その源泉があるのだろうか。

現代日本は未来への戦略構想を持っていない。目先の利を追求するため、恒久的な富の集積ができない。事が起これば右往左往して、一時的な手当てをし、結局、大損をするパターンである。事故もマニュアル以外の想定外のことが発生するとあわてる人が多いのも特色である。

山本五十六は劣勢な日本海軍が、如何《いか》に互角以上の戦いができるかを真剣に考えて実行した日本人である。かつての日本には戦略を考えられる者たちが多くいた。日本をとりまく世界状況のなかでの逆境をはねのけられるバイタリティーがあった。

現代はそういった過去の先人の知恵を学び、越後長岡から彗星《すいせい》の如《ごと》くあらわれて、南冥の空に散った一人の軍人の生涯を追うと、案外、展望が開けてくるかもしれない。彼が培った山本精神を再び掘り起こし、更生する必要があると思う。

山本五十六の魅力

山本精神とはどういうものだろうか。新潟県長岡市には、その山本精神を説明したプレートが存在する。

新潟県長岡市東坂之上町三丁目に山本元帥記念公園がある。まことに小さな公園だが、かつて霞ヶ浦航空隊の前庭にあったという山本五十六の銅像のうち胸像部分が複製されて、でんと鎮座している。また公園内に生家の高野家が復元されている。この記念公園の入り口につぎのような内容が掲げられている。

山本元帥誕生地記念公園記

山本元帥は長岡の生んだ最大の偉人であるばかりでなく、明治・大正・昭和の三代に於ける日本の代表的偉人である。偉人は遠い処にあるのでなく、身近にあるのである。他にあるのでなく、我の中にある。誰れもの各個の性質の中に、それぞれ偉人の素質は存している。ここに来り集る青少年達よ、大人達よ、この人に学び、この人に倣（倣）え。

然《しか》らば、則《すなわ》ち、亦《また》偉人となることが出来よう。

偉人とは、自ら謙虚にして堅忍不抜、自らを人の中に置き、人のために、社会のために、国家のために、捧げる人である。これが自らを大に生かす所以《ゆえん》である。

山本元帥は実にかくの如き積極的人格者であった。元帥は明治十七年四月四日この地で長岡藩士高野貞吉の六男として生れた。時に貞吉五十六歳であったから五十六と名づけられた。この人が後年武名赫々《かっかく》世界歴史上に、その偉大さをうたわれた聖将山本元帥その人であった。

長岡の歴史、山川、風土が元帥の修養努力と相俟《あいま》って、その人格と地位とを作り上げたのである。

元帥の学んだ阪之上小学校、長岡中学校もここから近い。

青少年達よ、この偉人に続け。元帥は自ら処すること厳に、他を処すること寛であった。自ら捧げて他を大ならしめる山本精神はここで生れたのである。茲《ここ》に我が景仰会が元帥の胸像を安置して、その誕生地を記念し、後進子弟の奮起を待つ所以である。

昭和三十三年十一月三日

山本元帥景仰会
矢島富造氏寄贈

昭和三十三年（一九五八）に作られたこのプレートは、たびたび、心ない人にいたずらされて、痛々しい碑面をさらしている。よく読むと山本五十六という人物が、少なくとも人のため、社会のために献身し努力していたことを、後輩たちは知っていた。そのことを紹介することによって、山本五十六の人格を肯定しているのである。決して、戦いのみの英雄ではなく、人間としての社会的な役割を果たしてきた人物であった。

その山本五十六にはそう幸せな生い立ちとはいえないことを公園をおとずれる人はきづくだろう。粗末な生家と、父が五十六歳のときに生まれた命名から推測すれば、これが日本を代表する提督の環境かと思うことがあるにちがいない。

五十六には生まれたときから、人間が誰もが持っている向上心が芽生え、そして努力していたらしい。人間は誰にも良い人生を送りたいという願望を持っているものだ。それには、自らの運命を甘受し、そこを基礎にして、成長をする必要がある。決して、過去を否定するのではなく、新しい希望と夢を抱き、その成立に努力するものだ。そういったことに努力した山本五十六の生き方、そのものが現代人にとって魅力的なのだ。

青年のころ

山本五十六は明治十七年（一八八四）四月四日、旧長岡藩士族高野貞吉・峯の六男として、新潟県古志郡長岡本町大字玉蔵院町第三十一番戸（現長岡市東坂之上町）に生まれた。五十六自筆の「履歴一班」には「時に父五十六歳なり依て五十六《イソロク》と名づく」とある。士族の大半は先の戊辰戦争後赤貧にあえいでいた。高野家も五十六が旧制長岡中学校に入学できたのも、育英団体長岡社があったからだといわれている。そのうえに、長岡藩（七万四千余石、藩主牧野氏）の伝統を継ぐ阪之上小学校、長岡中学校で英語などの進取的な教育を学んだことが、五十六の人間形成に大きな影響を与えている。また父（儒学者）から受けた薫陶は、五十六の人間的な魅力を増幅させている。

常《じょう》在《ざい》戦《せん》場《じょう》。

高野余慶の『御邑古風談』に「参州牛久保之壁書」がある。参州（三河）以来御家風十八ヶ条とありその冒頭に「常在戦場之四字」とある。『長岡の歴史』第一巻で著者の今泉省三は「治にいて乱を忘れないということで、武士が戦時の生活様式をそのまま平時においても維持しようとする」ものだと説明している。

「常に戦場に在り」は、長岡藩の牧野氏とその家臣団が、三河国（愛知県）から越後長岡藩の廃藩に至るまで、守ってきた生活信条である。三河にあっては群雄割拠のなか、平素の生活も戦場の緊張を持続しなければ生き抜くことができなかったことを、家臣たちに戒しめることになった。

江戸中期、長岡藩家老山本老迂斎《ろううさい》が、儒学者の高野栄軒・余慶親子（高野＝山本＝五十六の祖先）に常在戦場の精神作興を『由旧録《ゆうきゅうろく》』や『御邑古風談《ぎょゆうこふうだん》』にまとめさせ、家臣団に浸透させようとはかった。この常在戦場の精神は庶民にも波及し、日頃から無駄を省き、蓄財に心がける気風を培った。また、生き抜くためには創意工夫と斬新な行動をする気質もつくりあげた。

山本五十六の人間性はこういった長岡藩風から培われている。

我《わ》れは《（を）》真《しん》に育《そだ》てしものは、※和《わ》同《どう》会《かい》の大《だい》精《せい》神《しん》なり。

反町栄一著『人間・山本五十六』

※和同会＝『長岡高等学校百年史』（昭和四十六年＝一九七一＝十月）によれば（明治九年＝一八七六＝）「生徒井上円了より和同会設立の申し出があり、翌十月二十一日の土曜日より、毎土曜日に催したい旨、願い出があって（十月二十日に）許可された。結社人員として、井上円了の他、栂野四男吉ら八名の者が書き出されている。（中略）この会の目的は相互の懇親を厚くし、演説や討論の稽古をしようとするものであった」とある。

高野五十六少年は明治二十九年（一八九六）四月、新潟県立長岡中学校に入学する。そこで、生徒たちが自主的に学校生活を運営し、同窓生とともに歩む和同会の精神を体得することになる。

当時、会頭は教師の本富《ほんぶ》安四郎。号を栗林《りつりん》と称し、教師であると同時に旧長岡藩士で、長岡魂の鼓吹に生涯、その全力を傾注した人物であった。そもそも和同会の設立は、明治九年（一八七六）十月二十日。のちに東洋大学を創設する井上円了や梛野四男吉らの生徒が始めた自治会的組織だ。長岡藩以来の伝統である質撲剛健を旨とし、『論語』の「和シテ且《か》ツ同スル」の姿勢を矜持《きょうじ》したというが、『和同会雑誌』第四十六号の「和同会沿革」によれば「君子は和して、而して同せずの意を取り、名《なづ》けて和同会と云ふ」とある。

長岡中学校での五年間の学校生活で、山本五十六自身の人間性が育まれたといっている。

嗚呼《ああ》　冬《ふゆ》はこれ永久《えいきゅう》の良師《りょうし》たり、雪《ゆき》はこれ不変《ふへん》の友《とも》たり。

反町栄一著『人間・山本五十六』

明治三十二年（一八九九）、県立長岡中学校四年生の高野五十六は「四中学校に檄《げき》して連合運動会を開く文」を作文している。そのなかにこの一節がある。越後の冬を強く意識し、若者が雪によって鍛えられてきたことを述べているのである。雪は人間を閉じこめてしまうものだ。五十六はそんな新潟県の若人に連帯感を求め運動競技の開催を呼びかけた。

四中学校とは、新潟中学校、新潟商業学校、高田中学校と長岡中学校である。檄文の冒頭「維新以降三十年、我国長足の進歩は、宇内、其比を見ず」と説明し「此雪中に半歳、呻吟《しんぎん》せる我北越の男子、其見や、卑ならず、其心や、落莫《らくばく》たる寒景は、吾人をして偉大高潔なる精神を発揮せしむるにあらずや、凜冽《りんれつ》なる風雪は、吾人をして俗塵を遠ざけしむるにあらずや、越人をして美徳を有せしむるものは、越山の雪、越海の陋《ろう》ならず、而も浮華に流れずして、剛健質朴は其特性たり」とある。

この檄文が功を奏して、明治三十四年五月新潟浜において「中等学校連合運動大会」が開催された。

自《みず》から助《たす》くるが一番《いちばん》の助《たすけ》である。Self《セルフ》 help《ヘルプ》 is《イズ》 the《ザ》 best《ベスト》 help《ヘルプ》なる格言《かくげん》を守《まも》り、汝自身《なんじじしん》の力《ちから》に多《おお》く依頼《いらい》せられよ。何事《なにごと》も人《ひと》によって、大成《たいせい》するものにあらず。

明治三十七年（一九〇四）一月二十七日、甥の高野気次郎宛書簡
反町栄一著『人間・山本五十六』

山本五十六が海軍兵学校在校時、甥の気次郎に宛てた書簡の一節。

明治三十四年（一九〇一）三月三十日新潟県立長岡中学校を卒業した。卒業生三十六名中、成績第五位。在校時、学用品を倹約し、教科書などは自から筆写して使用。行状点は九十六点。学業は予習と復習をし、用意周到であった。三年生のとき、海軍兵学校入校を志して勉強を開始。義兄の高橋牛三郎家の薪部屋で、学科勉強の時間割予定表を掲げ、握り飯四個を持参して秩序正しく勉強したという。（握り飯は昼飯と晩飯用）同年七月、新潟市において受験、九月、採用通知。入学成績、一番塩沢幸一、二番高野五十六、三番堀悌吉、四番福島貫三。体重十二貫三百、肺活量三千八百五十、身長五尺二寸五分、握力右四十五、左四十三。同年十二月十六日入校。兵学校第三十二期。のちに大将に塩沢幸一、嶋田繁太郎、吉田善吾と山本五十六。中将に堀悌吉、大野寛、和波豊一。県人クラブでは「人の嫌がる仕事をすすんで引き受け、いかなるときでも精神力を集中できる非凡の力を持つ」（片岡廉談）といわれたとある。

死《し》生《せい》命《めい》あり　論《ろん》ずるに足《た》らず
※鞠《きく》躬《きゅう》唯《ただ》まず　報《ほう》※至《し》尊《そん》。

明治三十八年（一九〇五）一月に姪高野京宛に送った肖像写真の裏面に書かれていたもの。

※鞠躬＝身をかがめてうやまうこと『論語・郷黨』に「公門に入るに鞠躬の如く也」とある。

※至尊＝この上なく尊いこと、また、そのもの。別に天子。

日露戦争の広瀬武夫海軍中佐の「正気の歌」の冒頭（二行）につぎの歌がある。

死生《しせい》、命有《めいあ》り　論《ろん》ずるに足《た》らず

鞠躬《きくきゅう》　唯応《ただまさ》に至尊《しそん》に酬《むく》ゆべし。

その意は死も生も天命であり、あれこれというべきものではない。私はつつしんで祖国日本のために身を捧げ、天子の御恩に報いることを心掛けようと思う、とある。五十六がこの正気の歌に影響されたとすれば、国難にすすんで己れの身を捧げようとしたことがわかる。日本海海戦に参戦直前の緊張感が伝わってくる。この言葉は姪の京へ、形見として肖像写真を送ったが、その裏に書かれていたもの。

なお、広瀬中佐の「正気の歌」の三行目からを紹介する。

奮躍《ふんやく》　難《なん》に赴《おもむ》いて　死《し》を辞《じ》せず／慷慨《こうがい》　義《ぎ》に就《つ》く　日本魂《やまとだましい》／一世《いっせい》の義烈《ぎれつ》　赤穂《あこう》の里《さと》／三代《さんだい》の忠勇《ちゅうゆう》　楠子《なんし》の門《もん》／憂憤《ゆうふん》　身《み》を投《とう》ず　薩摩《さつま》の海《うみ》／従容《しょうよう》　刑《けい》に就《つ》く　小塚《こづか》が原《はら》／或《あるい》は芳野《よしの》　廟前《びょうぜん》の壁《へき》と為《な》り／遺烈千年《いれつせんねん》　鐮痕《ぞっこん》を見《み》る／或《あるい》は菅家筑紫《かんりつくし》の月《つき》と為《な》り／詞《ことば》は忠愛《ちゅうあい》を存《な》して　冤《えん》を知《し》らず／見《み》るべし正気《せいき》の　乾坤《けんこん》に満《み》つるを／一気磅礴《いっきほうはく》　万古《ばんこ》に存《そん》す／嗚呼《ああ》正気畢竟《せいきひっきょう》誠《まこと》の字《じ》に在《あ》り／呶々《どど》何《なん》ぞ必《かなら》ずしも多言《たげん》を要《よう》せん／誠《まこと》なる哉《かな》　誠《まこと》なる哉《かな》　斃《たお》れて已《や》まず／七《なな》たび人間《じんかん》に生《う》まれて　国恩《こくおん》に報《ほう》ぜん／七《なな》たび人間《じんかん》に生《う》まれて　国恩《こくおん》に報《ほう》ぜん

窮者《きゅうしゃ》を見《み》て、博憐《はくりん》の情《じょう》を起《おこ》す、むしろ自然《しぜん》なり。（たとへ、其人《そのひと》は精神上《せいしんじょう》何等《なんら》の窮《きゅう》するところなきにせよ）

明治三十八年（一九〇五）六月七日付、姪の高野京宛書簡
反町栄一著『人間・山本五十六』

姪の高野京は、東京帝国大学付属病院青山内科に看護婦長として勤務。五十六は明治三十八年五月二十七日の日本海海戦に、軍艦「日進」において重傷。同月三十日佐世保病院に入院。負傷は左手指と右下腿。白日間にわたり闘病。同月二十九日の京宛ての書簡に「援兵を御願ひいたします」とあり、京は佐世保病院に見舞し、看護をしている。

明治三十八年五月三十日付（封筒裏書き）の両親宛て書簡に「敵の長官ロジ（ロジェストウェンスキー）将軍もあはれ　捕虜として昨日本病院に入院致候」と書き送っている。これに対し高野家から菓子七品と味噌漬けが送られた。味噌漬けは茄子《なす》・大根・牛蒡《ごぼう》・胡瓜《きゅうり》・紫蘇《しそ》の穂などを三年味噌のなかに漬けたもの。大根の味噌漬けを細かく切って御飯にふりかけて食うのを「桜飯」と称した。

日本海海戦において、ロシアのバルチック艦隊司令長官ロジェストウェンスキー提督も、同病院に収容されていて、高野少尉候補生は気づかったという。

虫声《むしのこえ》さびて秋風《あきかぜ》冷《れい》せる故山《こざん》の寂《さび》しさ、されど又《また》、垣根《かきね》に干《ほ》せる豆《まめ》がらに飛《と》びかう赤蜻蛉《あかとんぼ》の、のどけさ格別《かくべつ》に御座《ござ》候《そうろう》。

明治四十年（一九〇七）九月二十三日付、兄高野季八宛書簡

越路の秋は、もの寂しく、ことのほか「あはれ」に思うことがある。しかし、降雪の前のひとときの秋の陽ののどかさは一服の喜びでもある。海軍中尉となったばかりの高野五十六は、海軍砲術学校の普通科の学生であった。軍艦「須磨（巡洋艦）・鹿島（戦艦）・見島（海防艦）・陽炎（三等駆逐艦）」の海上勤務を経て、久しぶりに陸上にあがった五十六に、しばし、故郷を思う心が芽ばえたことも不思議ではない。実兄の高野季八が長岡で歯科医院を開いたことから、軍人の一中尉も故郷を思う心がいっそう強くなったことだろう、人は故郷へ手紙を出すようになると成長するものだという。

山《やま》水《すい》明《めい》、且《か》つ媚《び》、我《わ》れ此《こ》の地《ち》を愛《あい》す、此《こ》の山《さん》水《すい》ありて後《のち》、はじめて彼《か》の英《えい》雄《ゆう》を生《しょう》ずるに足《た》る。

反町栄一著『人間・山本五十六』

練習艦隊の阿蘇に乗り組み、鹿児島に寄港した際の感慨を、海軍兵学校同期生で鹿児島県出身の山県文夫に宛てた西郷南洲翁の絵葉書に添えられた一節。

英雄とは薩摩（鹿児島）出身の西郷隆盛か、日露戦争の東郷平八郎を指すのであろうか。錦江湾からみた桜島などの風景は、まさに英雄を輩出する雄大なものであったのであろう。

この練習艦隊には海軍中尉となった明治四十一年（一九〇八）六月から阿蘇に乗り組み、のちに宗谷に移っている。艦長の鈴木貫太郎や分隊長の米内光政などと出会うのも、この練習艦隊時代である。

この絵葉書は明治四十二年一月十一日鹿児島阿蘇とある。

また、兄季八宛ての絵葉書にも「鹿児島の地、山は高く、水は清し、天然の風色能《よ》く英雄を生むに足れり」とある。

愛《あい》は基督教《きりすときょう》が主《しゅ》として唱道《しょうどう》する処《ところ》。又《また》、世《せ》界《かい》一《いっ》切《さい》の道《どう》徳《とく》が之《これ》を私《し》慾《よく》又《また》は利《り》己《こ》心《しん》に對《たい》比《ひ》して、道《どう》徳《とく》の根《こん》本《ぽん》をなす所《ところ》なり。而《しか》も此《この》愛《あい》は戀《こい》にあらず、男《だん》女《じょ》の劣《れつ》情《じょう》にあらず、無《む》私《し》の愛《あい》なり。

「病床日記」明治三十八年（一九〇五）六月十五日の記述

日本海海戦の負傷後、佐世保海軍病院でその傷をいやした際、日記をつけている。その一節だが、聖書を読み、愛について悩む青年らしい文章である。病床日記には青春の苦悩が綴られていて、青年高野五十六の人間性を知る貴重な資料であるが、その全文については存在があることは知られているものの、公開がされていない。

また、軍艦須磨に乗艦の高野少尉は、擬似赤痢にかかり、台湾澎湖島の馬公病院に入院したが、その間、日記風の「潮まち草」を書いている。これらのなかから多感な五十六青年の悩みがうかがえる。

私《わたし》の皿《さら》廻《まわ》しは、昨今《さっこん》の仕入物《しいれもの》ではなく、四歳《よんさい》の時《とき》からの
仕込《しこ》みだ。

反町栄一著『人間・山本五十六』

子どものころや青年のころに身につけた特技は必ず役に立つものだ。

幼児のころ、家の近くの神社の祭礼に姉や兄につれていってもらった。そこでみた神事芸能が五十六の心に強く残った。神事芸能は青年たちの神楽舞であった。特に大皿を両手でもち踊り、ときには身体を回転させても、皿を落とさない妙技は感激し、見よう見まねで会得した。

外国でのパーティーなどの余興で、日本人が何もできないなか、山本五十六は平気で皿回しをやったり、デッキで逆立ちをして、観客を唖然とさせたという。

人心を掌握にする技能のひとつ、ふたつは持っていた方がいいだろう。

青年士官から駐米武官

大正二年（一九一三）に両親を亡くした海軍大尉高野五十六は、海軍少佐の大正五年、長岡の名家山本家の名跡を嗣《つ》いだ。そして、大正七年に旧会津藩士族三橋康守の三女禮子と結婚している。

その後、駐米武官となり、ボストン駐在。また欧米各国へ出張し、国際的な視野を持つ海軍軍人となっていった。特に海軍省に籍を置き、軍備の研究を行っていたという。軍縮交渉の代表となるのは、そういった経歴のうえに、全海軍の輿望《よぼう》を担ったものであろうか。

両親《りょうしん》共《とも》に遂《つい》に死《し》に目《め》にも会《あ》はず、葬式《そうしき》にも列《れつ》せず、武《ぶ》門《もん》の常《つね》、父《ちち》の遺訓《いくん》として、敢《あえ》て残念《ざんねん》とも存《ぞん》じ申《もう》さず候得《そうらえ》共《ども》、今《いま》、両三年《りょうさんねん》と思《おも》ふふしも有之《（これあり）》、殊《とく》に母《はは》は未《いま》だ高齢《こうれい》と申《もうす》程《ほど》にも無之《（これなく）》（しかし七《なな》（ママ）十《じゅう》一《いっ》歳《さい》と相《あい》成《なり》候《そうろう》）。

反町栄一著『人間・山本五十六』
大正三年（一九一四）十一月二十七日付、渡部與宛書簡にある一節。

父貞吉は文政十二年（一八二九）九月二十五日生まれ。長岡藩士の長谷川孫兵衛の二男。高野家に養子に入り、同家の娘三人とつぎつぎに結婚した。前妻はいずれも病死によるものだが、三番目の妻「み祢《ね》」が生んだ末子が五十六にあたる。母の峯は本名は「み祢」であったが、祖母の名の峯を使うようになった。弘化三年（一八四六）一月二十三日生まれである。

大正二年（一九一三）二月二十一日、父の貞吉は行年八十五歳で没した。この報に五十六は、同日夜、軍艦「薩摩」から、家族に手紙（大正二年二月二十一日付）を書いている。「満足なる大往生」だとしながらも看病に専念した母の病気が軽くなると慰めた。その後、病気となった母を見舞い、二日間帰省している。ところが、母の峯は同年八月二十七日に没してしまい、その悲嘆を恩師渡部與に書き送った。

あと三年も生きてほしかったと思う心に、母親を思う真情があらわれた。

奉公《ほうこう》一途《いちづ》が自分《じぶん》一生《いっしょう》の主義《しゅぎ》、一家《いっか》の私事《しじ》については、人《ひと》一倍《いちばい》の御心労《ごしんろう》をかける。

大正七年（一九一八）八月三十一日付三橋禮子宛書簡

五十六は肋膜炎、馬公での擬似赤痢、そしてチフス、また虫垂炎を克服したのち、その後は丈夫となり、身体も肥えてきた。そして、山本海軍少佐は三十五歳の大正七年（一九一八）八月三十一日に旧会津藩士族三橋康守《やすもり》の三女禮子と結婚をした。その結婚直前に五十六が禮子宛てに送った書簡の一節。婚約から結婚まで、二人はほとんど会ってはいないが、五十六は未来の妻にかなり手厳しい内容の手紙を送った。

「自分儀は御聞きおよびのとおり、多年、海上の人となり、世事万端に甚だうとく、且《か》つ公私厳別」と海軍軍人としての姿勢を自己紹介している。そこでは、自分は家庭生活に人一倍ご苦労をかけるから、前もって断っておくという思いやりが含まれている。

家庭をもつ覚悟というものが、一軍人にあったということか。

青史《※せいし》の趣味《しゅみ》を喚起《かんき》し、修養《しゅうよう》に資《し》せらるるの要《よう》あり。

山本義正著『父・山本五十六』

※青史＝歴史。昔、青竹を火であぶって油を抜き、それに書いたからいう。

妻禮子宛て書簡の一節。山本五十六が駐米武官として不在中、山本家は鎌倉に転居した。そのことを五十六自身は喜んで、子どもたちの教育環境としても鎌倉は良いところだと、その選択をほめている。

「貴地にある幾多の名所は、これを中心として日本歴史に幾多の意義を留むもの、多日、子女教養のため」と歴史教育をうける環境の良さを説明している。五十六自身、日本史に興味を持っていた。中学生のころの北畠親房の「神皇正統記を読む」などが残っているところから、日本史に自ら喚起されるものがあったのだろう。

病気《びょうき》で寝《ね》ているとき、他人《たにん》の親切《しんせつ》がほんとうにわかる
その気持《きもち》を大切《たいせつ》にしろ。

山本義正著『父・山本五十六』

長男の山本義正と父の五十六が一緒にすごした時間は、たぶん、一般人の百分の一にもたりなかっただろう。海軍軍人というものは奉公のため、家庭を犠牲にしていたものだ。そんな短い時間だったからこそ、父の言葉は強く印象に残った。それも軍人としての勇ましい言葉は少なく、我が子や人を思いやるやさしい言葉が義正の心に沁みこんでいったとしても過言ではないだろう。

病気で寝ている義正に、庭の木を指さし、「あの木のようになれ」といった父の一言が親子の間には、あい通ずるものであった。

他人の親切を忘れてはいけないとする山本五十六には、子どものころにつらい過去があったにちがいないと思う。

衣食住《いしょくじゅう》のことで文句《もんく》を言《い》うんじゃない。とるに足《た》らないことだ。男子《だんし》には大目的《だいもくてき》を貫徹《かんてつ》することが一番《いちばん》で、それ以外《いがい》は枝葉末節《しようまっせつ》だ。

山本義正著『父・山本五十六』

長男の義正に諭した言葉だが、山本五十六の人生観が想像できる一言である。人が生活するに衣食住は大切だ。しかし、人は苦を忘れ楽をとり、衣食住の良し悪しにこだわってしまう。

山本五十六が育った旧長岡藩士族高野家は粗末な家に住み、衣服も五十六は中学生を通して一着しか使わなかったという赤貧の生活だった。学校の成績が良いと、褒美にいり豆をもらうといったものであった。そんななかから、志を立てたのだ。

海軍兵学校に入校の明治三十六年（一九〇三）九月二十四日付、兄季八宛ての書簡につぎのような条がある。

「古の立志大名を残せし人の事績を伺ふに、彼等は多く貧賤に起り、衣食だに足らざる間より着々と進み、万障に打ち勝った人のみであり、又、之で無ければ真にすぐれたる人にあらず」とある。

男《おとこ》にとって有意義《ゆういぎ》な時間《じかん》のすごし方《かた》は、勉強《べんきょう》すること、運動《うんどう》すること、寝《ね》ることの三《みっ》つしかない。それ以外《いがい》の時《じ》間《かん》の使《つか》い方《かた》は、中途半端《ちゅうとはんぱ》で、役《やく》に立《た》たない。

山本義正著『父・山本五十六』

中学三年のとき海軍兵学校に入校しようと志を立てた五十六は、準備に入ったという。中学校の先輩で入校中の加藤哲平に手紙を出して、兵学校の様子をうかがっている。

本格的な受験勉強に入ると、実姉の高橋加寿の家の薪部屋を整理して学習に入った。『人間・山本五十六』はこの学習の様子を「薪炭を片隅に積み上げ、そこに荒むしろを一枚敷き込み、ここに古机を据えつける。本箱もどうにか位置がきまる、豆ランプが持ち込まれて、一人でさっさと勉強部屋を作ってしまわれる。部屋が出来上る、こんどは大洋紙に細密なる学科勉強の時間割予定表が書き込まれる。そして、翌朝から朝飯がすむと、五十六青年は、この二階の薪部屋に来られる。腰には大きな握り飯が四つ、之は昼飯と晩飯とである。斯くて勉強は秩序正しく開始せられたのである。時計の針よりも、まだまだ正確に予定通りに、凡ては進行して行くのである」。

五十六自身は、時間をすべて勉強のためだとすれば有意義な人生となる、と考えたのであろう。

怜悧《れいり》なる頭《あたま》ニハ閉《とじ》ちたる口《くち》あり。

（山本義正氏蔵短冊）

山本元帥景仰会機関紙『清風』第十三号

平成九年（一九九七）四月十八日

おそらく生涯において山本五十六の生活信条は、多弁な日常ではなかった。沈黙し、相手の心を読んで冷静に的確な答えを引き出すのである。

長岡藩の牧野家家中の家風に「何事も根本といふ事」という条がある。事件が生じたら物事の本質をつかみ判断し断行するのである。そのため、ロンドン軍縮予備交渉の際、日本海軍の代表として交渉にあたったが、その際イギリスの新聞記者から「鋼鉄の笑」と評されている。つまり寡黙で何を考えているかわからないというのである。

人間《にんげん》は淋《さみ》しみを味《あじわ》える様《よう》にならぬと駄目《だめ》だネ。

反町栄一著『人間・山本五十六』

駐米武官でアメリカにいた際、同じ武官の三和《みわ》義勇《よしたけ》に語った言葉。三和は山本に「人間の修養」というテーマで話をうかがっている際、夫人と長く別れていることについてのことに及んだ際、率直に「淋しい」といったという。

これにアメリカの女性たちが感心し「山本大佐は真の紳士である。だから自分は尊敬する。何故とならば、外国から来て居る人に、亜米利加《アメリカ》生活はどうか、家族を置いて淋しくないかと尋ねたら、十人が十人共、否、淋しくない、非常にエンジョイして居ると答えたが、独り山本大佐だけは、それは淋しい（中略）と答えられた。これこそ真の紳士でなくて何であるか」と評価されたと三和が語っている。

リンカーン伝《でん》を読《よ》みたまえ。人間《にんげん》として偉《えら》い男《おとこ》だと思《おも》う。

山本義正著『父・山本五十六』

部下が英語の勉強にあたって、どんな英語本を読んだらよいかという質問に答えている。そのとき、リンカーン伝を読むことをすすめたという。何故にリンカーンなのか。長男の山本義正は、その著において「障害者であるという負い目は、父の終牛を通じて最大の重荷になっていた」と述べている。

山本五十六の障害とは、二十三歳の明治三十八年（一九〇五）五月二十七日の日本海海戦において、軍艦「日進」に乗り組み、砲弾によって左手の人さし指と中指を失い、右大腿部に重傷を負ったことに所以している。五十六は、人一倍の努力をし「障害、貧困、病弱といった悪条件を乗りこえて、人生の栄光を獲得した人に対しては、最大の敬意を払っていた。かつてのアメリカの大統領リンカーンを父が尊敬していたのも、彼が貧困のなかに育ち、大統領になってからも、つねに悲しめる人の味方であったことが大きく作用していた」という。「奴隷の解放・女性の解放・人類の自由のため」に一生を捧げたリンカーンを深く敬服していた。

「人には、だれでも何かの負い目がある。その負い目を克服しようとするところに、人間の進歩がある」といったペスタロッチのことばを父は大切にしていたと長男義正は述懐している。

航空へ志

山本五十六が、大正六年（一九一七）七月、海軍教育本部員兼海軍技術本部技術会議議員となり、日本海軍の軍政（軍備）について研究をするようになった。そして、駐米武官後帰国して海軍大学校教官を命ぜられてから本格的に軍政の研究にとりくんだ。「航空機が必勝の軍備である所以の学説」を講義で述べている。これらは駐米武官の際、リンドバークの大西洋横断飛行に触発されたとか、諸説はあるが、航空機の充実が軍備の縮小につながり世界平和にも貢献するのではないかと考えていたふしがある。航空は当時、海軍軍備のなかで微々たるものであったが、その将来性を予感し、すすんで航空分野に飛び込んでいった。

自《みずから》ヲ処《しょ》スル厳《きびしく》　他《た》ヲ処《しょ》スル寛《ひろし》。

反町栄一著『人間・山本五十六』

霞ヶ浦航空隊副長兼教頭から駐米武官に転任した際、かつての部下であった三和義勇が座右銘を書いてほしいと依頼したら、折りかえし便箋に書いてあった言葉。

三和義勇はその後、航空母艦の鳳翔の艦中部屋の鉄壁に貼りつけておいたが、退艦のどさくさになくしてしまったという。

「己れに厳しく、他にやさしい」ことはなかなかできるものではないが、実践のなかで心掛けたのが山本五十六であった。

百《ひゃく》人《にん》の搭《とう》乗《じょう》員《いん》中《ちゅう》、幾《いく》人《にん》あるか知《し》れぬやうな天《てん》才《さい》的《てき》な人《にん》間《げん》でなければ、著（着）艦《ちゃくかん》出《で》来《き》ないやうな航《こう》空《くう》母《ぼ》艦《かん》は、帝《てい》国《こく》海《かい》軍《ぐん》に必《ひつ》要《よう》ない。搭《とう》乗《じょう》員《いん》の大《だい》多《た》数《すう》が著《ちゃく》艦《かん》、出来るものでなければならぬ。素《そ》質《しつ》もさることながら、要《よう》は訓《くん》練《れん》方《ほう》式《しき》の改《かい》善《ぜん》と訓《くん》練《れん》努《ど》力《りょく》の如《い》何《かん》にあると信《しん》ずる。天《てん》才《さい》よりも努《ど》力《りょく》に依《よ》って鍛《たん》錬《れん》した入《にゅう》神《しん》の技《ぎ》術《じゅつ》の方《ほう》が遙《はる》かに勝《まさ》っている。

渡邊幾治郎著『史傳・山本元帥』

大正十三年（一九二四）九月、山本五十六海軍大佐は霞ヶ浦航空隊付となった。ついで同年十二月教頭兼副長となって、飛行訓練の指揮を執ることになった。その際、飛行技術を各人の個人才能に頼り、神業でなければできない航空母艦の着艦技倆に対し疑義を唱えた一節。当時、日本海軍の航空母艦は約六千トンの「鳳翔」のみだった。飛行甲板は狭く小さなものであり、そこに着艦できる搭乗員は少なかった。そうした事態を察知した山本五十六は、誰もが着艦できるようにしなければ戦力にならないと考えたのである。

人《ひと》はみな、それぞれ与《あた》へられた天職《てんしょく》がある。職分《しょくぶん》を如何《いか》に巧《たく》みに処理《しょり》するかによって、その人《ひと》の値打《ねうち》がきまる。何事《なにごと》に直面《ちょくめん》しても工夫《くふう》し啓発《けいはつ》して行《ゆ》く心掛《こころがけ》が必要《ひつよう》である。

米内光政述『常在戦場』

米内光政（海軍大将）は山本五十六没後、口述筆記の著『常在戦場』を発刊（昭和十八年＝一九四三＝十二月）している。その著のなかで、山本五十六が後輩に対して発した言葉として、紹介したのがこの言葉である。その著のなかで二度、使われていて、ここで紹介したものは「明察果断・率先垂範」の項にあるものである。

「日常の工夫啓発が、凝っては明察となり、出《い》でては周到なる用意となり、発しては電光石火の果断実行となった」と説明したのち、部下を信頼し、決して冷眼視することはしなかったという。人の個性をいかに引き出すかを指揮官は考慮し、部下は与えられた職を完《まっと》うする。たとえ、危機が偶発しても創意工夫をともに行う心がけを持っていけば必ず乗り越えられるというのである。「巧みに処理」を米内に「要領よくやるという意味でなく、その仕事を真剣に取り組み、それを立派に成し遂げる」ことだといっている。そうすれば人の価値もわかろうというものだというのである。

勝《か》つ時《とき》の来《く》るのを、長時間《ちょうじかん》、待《ま》って居《い》る忍耐《にんたい》が大《おお》いに大切《たいせつ》なのだ。

反町栄一著『人間・山本五十六』

山本五十六の口癖は「絶対に勝ち抜こうとする気魄《きはく》をもて」というものであったという。

『人間・山本五十六』に、山本五十六の賭博哲学を説明した項がある。

著者の反町栄一は「勝負勘の鋭さがあった」と前置きしながら「勝負事について山本さんから聞いた」ことを紹介している。

「自分は勝負事をやるに、未《いま》だ嘗《かつ》て自分の物質上の利害の為にやった事がないから、常に勝ち通した」とあり「勝負事は科学的数学的でなければならぬ」そして「何より勝つときが来るまでの忍耐が大切だ」と伝えた。

山本五十六は勝負事の処生訓ともいうべき三徳を掲げている。

一、勝っても負けても、冷静にものごとを判断する修練ができる。二、機をねらって、勇往邁進《まいしん》、相手を撃破する修練ができる。三、大胆にして、しかも細心なるべき習慣を養うことができる。

というのである。ここまでくると賭博も人生哲学のひとつということになる。

人間《にんげん》は自己《じこ》の力《ちから》で凡《すべ》てをやらねばならぬ、人《ひと》にたよって
はならぬ。

反町栄一著『人間・山本五十六』

郷党の子弟が、山本少将を航空母艦「赤城」にたずねた際、諭した言葉。同席した反町栄一が書きとめて『人間・山本五十六』のなかで紹介した。

山本は郷党に対して冷淡であったわけではない。むしろ過剰すぎるほどの温情をもって支援している。その理由のひとつに長岡の商人の野本恭八郎（号・互尊翁）がはじめた博愛の精神を掲げる日本互尊社という組織の影響がある。その理事長の反町栄一が協力を依頼すると、

「自分は今まで、顧問の依嘱に応じたことはない。しかし、互尊社は互尊翁の世界平和・人類幸福の大思想に立って、国家社会の為に尽くそうと云う会であるから、快くお引き受けしよう。引き受けた上は名ばかりの顧問ではなく、実際上に於て、大いに努力してやる」

と述べている。

誠《まこと》は明《あきらか》なり。

『互尊独報』「越後ところどころ」八十号　反町栄一　昭和十八年

反町栄一によれば、山本五十六はよくこの言葉、このような内容を話していたという。反町はこの言葉をつぎのように説明している。「人の心は鏡のやうなものだ。鏡は明である。誠意には誠意がうつる」と山本五十六はいったという。

長岡市の北越製紙株式会社の長岡工場の応接室に「誠則明」の扁額がある。昭和十七年（一九四二）十二月に山本五十六が揮毫したものだ。

「誠なれば則（即）ち明かなり」と訓《よ》むのであろうか。当時、全社員がこの言葉をいただいたとき「一社を挙げて、朗らかに口々、敢闘以《もっ》て決戦下の職域に邁進」したという。

山本五十六は至誠を第一義とした。『中庸』に「故に至誠は神の如し」とあるが、誠実さを実践躬行《きゅうこう》することが、何事も貫徹できる要素であるとの道理をもっていた。

中才《ちゅうさい》ハ肩書《かたがき》ニよって現《あら》ハれ、大才《たいさい》ハ肩書《かたがき》を邪魔《じゃま》ニし、
小才《しょうさい》ハ肩書《かたがき》を汚《けが》す。

山本義正氏蔵

山本元帥景仰会機関誌「清風」第十三号
平成九年（一九九七）四月十八日

この肩書云々《うんぬん》については、東京・渋谷に住んでいた妻禮子の母三橋亀久子にあげた紙片に記されていたもの。伊藤金次郎著の『山本元帥言行録』（昭和十八年＝一九四三＝九月、春陽堂書店）では「この警世的章句は滔々《とうとう》俗流の『肩書依存者』に対する尖烈《せんれつ》な抗議と排撃とも解せられる」と記している。

海軍次官

一国の運命を担う立場となった山本五十六。思うところの存念を忌憚《きたん》なく述べ、三国同盟への参加を阻止しようとした。「述志」はその覚悟であり、信念であった。山本五十六の人間としての魅力は、自らの処世が国・社会の危機のなかにあったとされる時期に毅然と孤立したことによる。そういった強靭な心胆は一朝一夕に生まれたものではない。日頃の心の陶冶《とうや》、鍛錬、先人からの知恵を知ることにより培われてきたものであろう。

やって見《み》せ　説《と》いて聞《き》かせて　やらせてみ　讃《ほ》めてやらねば　人《ひと》は動《うご》かぬ。

橋本禅嚴講話『正法眼蔵四摂法之巻摸壁』

長岡市の悠久山にある曹洞宗堅正寺の住職橋本禅巖和尚は講話のなかで、仏教における「愛語」について語っている。その講話集のひとつ『正法眼蔵四摂法之巻摸壁』で人を讃めることは愛語だと説明している。愛語は「仏様のお心にならって可愛さ一杯の心の言語だ」と前置きをし「讃めると云うことは、その行いが仏様の行い振りと、そっくりだと云うことを証明することでもあります。讃められ証明されると、自分のやった事に自信がつき、悦びが湧き満足が感ぜられるようになって、益々愛語を好むようになるものでありま す。讃めてやることが善を勧めて行く上では大事なことであります」

そして、山本五十六の言葉を紹介している

「仕事を教えるのでも、讃めてやると云うことが、秘訣のようであります、讃めると云うことは馬鹿な奴をおだてると云うことではなく、共に喜ぶことなのであります」

独使至尊憂社稷　諸君何以答昇平

独《ひと》り至《し》尊《そん》をして社《しゃ》稷《しょく》を憂《うれ》いしむ、諸《しょ》君《くん》何《なに》を以《もっ》て昇《しょう》平《へい》に答《こた》えむ。

長岡　日本互尊社所蔵書幅

新潟県長岡市に聖人がいた。名を野本恭八郎といい、早くから自らの号を互尊と唱えたため、人は「互尊翁」と尊称した。

昭和十二年（一九三七）に八十四歳で没するまで、互尊思想を唱え、博愛を説いた。その思想の原点は「互尊独尊」の開示にあった。長岡商人の野本恭八郎は己れを自立させることが大切である。そのうえで、互いを尊び合うことで平和な世の中が生まれると主張した。それを互尊といい、戦争のない社会、幸せな社会を世界に確立させようとしたのである。

この書は山本五十六の昭和十三年の書であるが、前年に死亡した尊敬する野本互尊翁の追憶をこめて、その互尊独尊の思想の継承を説き、長岡の町が再び戦争の禍《わざわい》がないように念じたものであろうか。

このとき、至尊としたのは、天皇に報いようとした海軍軍人としての気持ちもこめられているようだ。

春生仁　夏長徳　秋成義　冬蔵禮

春《はる》は仁《じん》を生《しょう》じ、夏《なつ》は徳《とく》を長《ちょう》じ、秋《あき》は義《ぎ》を成《な》し、冬《ふゆ》は禮《れい》を蔵《ぞう》す。

長岡市観光院町（長岡市城内町）髙橋加寿旧蔵書幅

昭和十四年（一九三九）六月、実姉の高橋加寿に贈った書である。書幅では「高橋邸に為す」とあるが、当時八十歳にならんとする実姉に対し、敬愛の気持ちのあらわれた書。長岡市のある人には「仁以て之を守り、義以て之を行い、禮以て之を秩し、智以て之を明かにす」という書を贈った。『中庸』にいう「智仁勇」の徳を育むことが、世を正すことになり、平和を尊ぶことになると説いているかのようである、五十六は長岡藩の儒学者の家系を継いでいるという意識を常に持っていた。

日《にっ》進《しん》月《げっ》歩《ぽ》で、一寸《ちょっと》でも油《ゆ》断《だん》が出《で》来《き》ません。

反町栄一著『人間・山本五十六』

昭和十四年（一九三九）四月十二日の長岡中学校での講演の一節。海軍次官の山本五十六は日本の将来の軍備を飛行機の整備であることを認識していた。この演説のなかで、山本五十六は「私は最近まで十二年間計り、飛行機の方面に従事し、飛行機とその乗員とを、どうして御国の為に役立たせることが出来るか、ということを考えこんで、計画を一歩ずつを順序だてて進んだのは、今から八年前でありました」と述べている。

しかし、この飛行機の整備計画は一歩でも判断を誤まれば、技術力や飛行機の性能に遅れることになると述べている。ここで、肝要なことは、小手先だけの向上よりも、基礎的知識を若いうちに学んで、将来の技術的向上に努力してほしいと諭している。

この日進月歩の飛行機の進展を、山本五十六はよほど、気にしていたらしく、同年十二月一日付の反町栄一宛ての書簡にも「如何なる小改良も之を閑却不問に附せず、一寸にても一分にても進歩せしむるを要す」と記している。

国産品《こくさんひん》を使《つか》え！　でないと日本《にほん》の航空《こうくう》は独立《どくりつ》もしないし、発達《はったつ》もしない。

反町栄一著『人間・山本五十六』

海軍の航空本部技術部長時代の発言。部下の三和義勇によれば「海軍航空技術陣に大刷新と惰眠を貪る民間航空会社に覚醒の鉄槌《てっつい》を加えた」という。

その際、山本少将の採った航空機の製品は「凡《すべ》てを国産品で」と提唱したが、外国新鋭機には惜まず特許料を払って、長所をとり入れたという。

「外国機の輸入は、我航空科学技術の恥辱と思わねばならぬぞ、それは日本の科学技術の試験台なのだ。若《も》し、国産機が外国機の単なる模倣に終ったら、欧米科学に降伏したものと思え、その代り、それを凌駕する優秀機が作られたら、勝利は日本科学の上に輝いたと思え」と部下を励した。

その後、日本海軍に優秀な中型攻撃機や零式戦闘機が出現することになった。

君《きみ》は勤勉《きんべん》努力《どりょく》して産《さん》をなされたそうだが、国家《こっか》人類《じんるい》の為《た》め、その財《ざい》を善用《ぜんよう》して、始《はじ》めて人《ひと》としての意義《いぎ》がある。

反町栄一著『人間・山本五十六』

高野五十六といった時代、つまり幼年時代に住んでいた長岡本町玉蔵院町の隣は呉服町という旧町人街だった。士族出身の五十六少年が隣町の商人の子どもらと張り合ったことは想像できる。

アメリカ駐在武官時代、山本五十六は各種の会合で市民団体の有志とつきあったことも想像できる。山本五十六が帰朝した大正後期から、山本は俄かに民間人との交流を積極的にすすめようとする。国防は国民の富力が根底になければならないとする山本の主張のあらわれだという見方もある。

「君は」と五十六が名指した人物は、長岡市呉服町に住んでいた大橋新治郎という商人である。大橋は石油株などの仲買をして大儲けをしている。

その大橋に飛行機のネジを製造する会社を設立させたのも山本五十六の慫慂《しょうよう》によるものであった。昭和十年（一九三五）四月、長岡に帰省した山本五十六は実業人と話し合っている。

土《つち》に生《い》きる程《ほど》、幸《こう》福《ふく》な事《こと》はない。諸《しょ》君《くん》は須《すべ》からく、大《だい》地《ち》の尊《とうと》さを感《かん》謝《しゃ》すべきである

反町栄一著『人間・山本五十六』

昭和十年（一九三五）五月二十八日、山本五十六は長岡市の悠久山にある農民道場をたずね、生徒に語った言葉が「土とともに生きよ」であった。農民道場は長岡中学校以来の親友駒形宇太七が私財を投じてつくった農業青年の研修所である。農業技術の修得はもちろん、精神修養に重きをおき、日々、鍛錬を第一にし国家有用の人材を育成することを目的とした。近くに、やはり駒形宇太七が開基した曹洞宗堅正寺の禅道場があり、そこに招請された初代住職橋本禅巌和尚とは、終生の親友となった。

皆《みな》さんは、私《わたくし》が次官《じかん》になったのが、目出度《めでた》いといって、御祝《おいわ》ひくださいますが、私《わたくし》は少《すこ》しも目出度《めでた》いと思《おも》ってをりません。私《わたくし》にはまだ外《ほか》に適当《てきとう》な任務《にんむ》があるやうに思《おも》ひます。御祝《おいわ》ひくださるなどとは心外《しんがい》であります。

昭和十一年（一九三六）十二月　長岡中学校出身者が集まって海軍次官就任祝賀会の挨拶

昭和十八年（一九四三）七月発行の雑誌『日の出』七月号（新潮社）所収の「山本元帥を憶ふ」の渡邊幾治郎の「山本元帥の人となり」の一節。渡邊は長岡中学校出身の歴史学者。渡邊は山本五十六の人となりを「天真爛漫、言行に表裏がなく、我をかざり、偉ぶり、てらふところが微塵もないことである。全く思ふままに振るまひ、思ふままにいって、憚《はばか》らなかった。その結果、時には非常な慈愛ともなり、親切ともなるのである」

その無愛想たる事件が昭和十一年十二月のある夜の会合であった。渡邊が年長者として祝辞を述べると、山本は立ちあがって、平気で迷惑だと挨拶をしたという。

「富豪や権貴の人々に対しても、一寸《ちょっと》も憚らず、悪いと思ふことは忌憚《きたん》なく物をいってのけた」とある。

女《おんな》の子供《こども》からチヤホヤされたりして、有頂天《うちょうてん》になる様《よう》な人間《にんげん》では、とても天下《てんか》の大事《だいじ》を託《たく》すに足《た》らず。考《かんが》えよ。

反町栄一著『人間・山本五十六』

海軍次官時代に昭和十五年（一九四〇）九月陸軍士官学校を卒業した青年士官から、どのような軍人生活をすごせばよいか、山本自身の所感を求められたことがあった。たぶん、その士官は、何かの事情で隊務をはなれ、ようやく原隊に復帰した際、「従来の境遇に一大変化を生じたり」と陸軍生活に疑問などを持ったものらしい。

そこで、山本五十六は、「小生もとより尚、修養の道程にあり、人に教うる域には甚だ遠きもの」と前置きをし、酒、煙（煙草）、女の三点の質問に答えている。

「小生自身は天性、酒を好まざるも、酒席に連なるに何の苦痛もわだかまりも無く、乱酒癖なき者は飲酒差支《さしつかえ》なし、ただ酒席公務を論ずるは、怏なるべきも慎まざるべからず、苦々しき限り也、国を誤るの基也」と飲酒の心得を披瀝した。煙草は許し、女性と付き合う心得まで諭し、「三十歳までは独身たる事を希望す」と結んだ。

ゴムをいっぱいに引張《ひっぱ》り、伸《の》びきってしまったら、再《ふたた》びゴムの用《よう》をなしませぬ。国家《こっか》としても緊張《きんちょう》するのは大切《たいせつ》だが、その反面《はんめん》には弾力性《だんりょくせい》を持《も》つ余裕《よゆう》が無《な》ければならぬ。

反町栄一著『人間・山本五十六』

昭和十四年（一九三九）四月十二日、母校の長岡中学校での講演の一節。前日、新潟市において、新潟海軍地方人事部の開庁式が挙行されたが、山本五十六は海軍大臣代理として出席した。その夜、長岡市の大野屋に宿泊したのち、翌朝母校をたずね、全校生徒に講演をした。

この日、山本は、講演が突然のことで要旨も考えてこないと前置きし、話し始めたが、時局を憂えず、学問に専念してほしいと述べた。

「即ち十分に体力・学術・精神力を養い育て、将来発展の基礎を造って頂きたいと熱望致す次第」と述べ「アジア人を教え導き、アジアの隆盛を期する偉大な責務が諸君の双肩に掛って来る」と主張している。

述《じゅく》　志《し》

一死《いっし》君国《くんこく》に報《ほう》ずるは素《もと》より武人《ぶじん》の本懐《ほんかい》のみ
豈《あに》戦場《せんじょう》と銃後《じゅうご》とを問《と》はんや。
勇戦《ゆうせん》奮闘《ふんとう》　戦場《せんじょう》の華《はな》と散《ち》らんは易《やす》し。
誰《だれ》か至誠《しせい》一貫《いっかん》俗論《ぞくろん》を排《はい》し斃《たお》れて已《や》むの難《がた》きを知《し》らむ。
高遠《こうえん》なる哉《かな》君恩《きみのおん》　悠久《ゆうきゅう》なるかな皇国《こうこく》。
思《おも》はざるべからず君国《くんこく》百年《ひゃくねん》の計《けい》。
一身《いっしん》の栄辱《えいじょく》生死《しょうし》　豈《あに》論《ろん》ずる閑《いとま》あらんや。

語《ご》に曰《いわ》く
丹可磨而不可奪其色《たんみがくべくしてそのいろをうばうべからず》
蘭可燻而不可滅其香《らんやくべくしてそのかおりめっすべからず》

此《こ》の身《み》　滅《めっ》す可《べ》し

此《こ》の志《こころざし》　奪《うば》ふ可《べ》からず。

昭和十四年（一九三九）五月三十一日　山本五十六

反町栄一著『人間・山本五十六』

この「述志」は、山本五十六の戦死後、海軍省次官室の金庫から発見された遺書である。昭和十四年五月ごろは、日本陸軍が中心となった三国（日本・ドイツ・イタリア）軍事同盟の締結を強力に推進していた。海軍大臣米内光政と次官の山本五十六は軍務局長の井上成美とともに、締結すれば対米英戦争が起こると懸念していた。そのため反対論を唱えると、海軍次官の生命を狙うものもあらわれるかのような事態になった。この述志は山本が死を覚悟して反対の主張をしたことを伝えてくれるものである。この述志で大切なことは山本五十六自身が、戦場で華々しく戦って死ぬのではなく、平和を守るために、自分は死ぬのだといっているところである。

連合艦隊司令長官

対米英開戦に反対していた山本五十六は、はからずも海戦の総指揮を執ることになった。そして、全身全霊をうちこんで、職分を全うし、南冥の空に散った。自らが主張した航空戦略構想が作戦の主要戦略・戦術となった。その際、戦艦の長官室でどう思ったのかが、山本五十六の面白さでもある。運命というものが、あらかじめ道筋が立てられていたのであれば、連合艦隊司令長官となった山本五十六の心境は、如何ようであったのかを知りたいものだ。

世《よ》に成敗《せいばい》を問《と》はず全力《ぜんりょく》を尽《つく》すといふ語《ことば》がある。

米内光政述『常在戦場』

但し、この日、次のようにもいっている

現在《げんざい》、世界《せかい》を見《み》わたして、飛行機《ひこうき》と軍艦《ぐんかん》では、日米《にちべい》が先《せん》頭《とう》に立《た》っていると思《おも》うが、しかし、工業力《こうぎょうりょく》の点《てん》では全《まった》く比較《ひかく》にならぬ。米国《べいこく》の科学水準《かがくすいじゅん》と工業力《こうぎょうりょく》をあわせ考《かんが》え、また、かの石油《せきゆ》のことだけとってみても、日本《にほん》は絶《ぜっ》対《たい》に米国《べいこく》と戦《たたか》うべきでない。

反町栄一著『人間・山本五十六』

昭和十四年（一九三九）八月三十日、山本五十六は連合艦隊司令長官に就任する。同郷人の祝賀会があって、その席上「責任の重大さに、就任後一か月になるが、まだ一夜として安眠したことがない」と述べたことがあった。強烈な責任感からの発言であったが、米内光政がその一か月後ぐらいに会って「安眠できたか」とたずねると、ニッコリ笑って「できた」と答えたというのである。

アメリカと日本との間に一触《いっしょく》即発の危機を迎えた時期に、日本海軍の最高戦闘指揮官に就任したのだから、安眠できないのもあたりまえだった。山本五十六はアメリカの国力を知っていたのだから、なお深刻だった。

そこで、山本五十六はこの言葉を同郷人の前で発言したというのである。しかし、そこには山本五十六らしい感慨がある「成功・不成功を問わず最善を尽くす」というよりも、「必勝の確信を得なければ安眠できない」というのである。かくして、安眠できたというのは真珠湾攻撃をはじめとする日本海軍の必勝プランの構想が成立したということなのかもしれない。

凡《すべ》ては学問《がくもん》と科学《かがく》とに、その基礎《きそ》をおき、学理上《がくりじょう》から見《み》て、必《かなら》ず成功《せいこう》する目途《めど》が付《つ》いて敢行《かんこう》した大冒険《だいぼうけん》。

反町栄一著『人間・山本五十六』

昭和十六年（一九四一）九月十八日、長岡中学校の同窓会が東京学生会館で開かれた。連合艦隊司令長官の職にあった山本五十六も出席。おのずと、その夜の会合は山本五十六の一言一句に耳目をそばたてた。なかに五十六に質問したものがあった。

「アメリカなどは我が大和魂には勝てますまい」というのである。その際、身を正して、「米国人は正義感が強く、偉大なる闘争心と冒険心が旺盛である。特に科学を基礎に置いて学問の上から割り出しての実行力は恐る可《べ》きものである。然《し》かも世界無比の裏付けある資源と工業力」があるから「米国の真相をもっとよく見直さねばいけない」と諭したあとで、リンドバーグの大西洋を飛行機で横断した話を持ちだし、学理上の自信があったからこそ冒険したのだと述べている。

当時、日米開戦はやむを得ないという世論のなかで「日本は絶対に米国と戦うべきでない」と主張した。

その際、「米国の電波研究は驚くべき進歩」と喝破《かっぱ》したが、のちにそのレーダー技術の差において日本海軍は不覚をとることになった。

寡《か》を以《もっ》て衆《しゅう》を破《やぶ》る為《ため》には、単《たん》に在来《ざいらい》の方式《ほうしき》、在来《ざいらい》の兵器《へいき》を以《もっ》て、満足《まんぞく》すべきにあらず、時局《じきょく》の切迫《せっぱく》につれ、種々《いろいろ》工夫考案《くふうこうあん》をめぐらし、改良《かいりょう》に改良《かいりょう》を重《かさ》ね、急速《きゅうそく》なる進歩《しんぽ》向上《こうじょう》を図《はか》るの気風《きふう》、上下《じょうげ》に旺溢《おうえつ》し来《きた》れるが、此《こ》の傾向《けいこう》は益々《ますます》助長奨励《じょちょうしょうれい》して、如何《いか》なる小改良《しょうかいりょう》も之《これ》を閑却不問《かんきゃくふもん》に付《ふ》せず、一寸《ちょっと》にても、一分《いちぶ》にても進歩《しんぽ》せしむるを要《よう》す。

昭和十四年（一九三九）十二月一日付、駒形十吉宛書簡

郷里長岡の若い実業家駒形十吉に、己れの所感を書き送った。ときに連合艦隊司令長官に就任して四か月に入ろうとしているころで、如何に少数艦船をもって、大艦隊を破るかを考究していることがうかがえる。航空機などの改良は航空本部長や技術部長時代に工夫してきたが、今度は艦隊全体となると問題が山積していた。特に従来、優秀だとみられていた水雷部隊に懸念があり、改良を実施しようとしていた書簡が残っている。水雷戦は駆逐艦・水雷艇などの小艦船が敵艦隊に肉薄して魚雷攻撃を行うものであったが肝心の魚雷の改良などは遅延していた。

少しでも、訓練によってカバーできるものは指揮者として努力しようとしたが、兵器の改良までは実践部隊の指揮官の及ぶところでなかったことがうかがうことができる。

国《くに》大《だい》なりといえども戦《たたか》いを好《この》めば必《かなら》ず亡《ほろ》ぶ。天《てん》下《か》安《やす》しといえども戦《たたか》いを忘《わすれ》なば必《かなら》ず危《あや》ふし。

司馬穰苴撰「司馬法※—仁本」

※司馬法＝中国の兵書で七書の一つ。司馬穰苴は「史記」にその伝が見え、戦国時代の斉の景公（前五四七〜前四九〇）在位に、名宰相晏嬰（?-前五〇〇）の推薦で仕えた。

中国の兵書で、司馬穣苴《じょうしょ》撰「司馬法―仁本《じんぽん》」にある一節。意味は「どんな強大な国でも平和を忘れて戦争ばかりしていれば、いつかは滅んでしまう。天下が平和であっても、戦争を忘れると、いつか国が危うくなる」というもの。

山本五十六は、三十五歳ごろから、この言葉を書いた。軍備・国防について、海軍大学生時代の山本五十六はこの言葉に共感し、自己の哲学の一部としている。

山本五十六はよく揮毫したが「忘」のところを「若《も》し」と読めるものがあって、日米開戦の道を進もうとしている当時の日本に、警句をならしていたという説がある。

誠《せい》意《い》奉《ほう》公《こう》をもって、師《し》恩《おん》に報《ほう》ずる所以《ゆえん》と心得《こころえ》、努力《どりょく》致《いた》しまゐり候《そうら》へば、真《まこと》に恥《はじ》なきや否《いな》やは、今後《こんご》にこれありと戒《かい》心《しん》致《いた》しをり候《そうろう》。

昭和十五年（一九四〇）六月二十日付、渡部與喜子宛書簡

山本五十六はよく「君恩・親恩・師恩」の大切さを説いたという。そのうち教育者への師恩を思う気持ちは生涯変わらなかった。

そのうち阪之上小学校一年のときの担任であった渡部與《あたい》には、とりわけ親交した。冬の日に先生が手を温めてくれたことを忘れなかったからだという。

その師の渡部先生が昭和十五年（一九四〇）五月三十日に没した。遺族は多忙な山本五十六に気づかって、その死を知らせなかった。ところが五十六は他から聞いて弔詞と香典を送っている。その礼状が長女與喜子からきたことに対し、「明治二十三年以来満五十年の御薫陶に対し」として送った師恩への五十六の言葉である。

渡部與喜子には学資を提供したこともあった。海軍大学校学生時代の大正四年（一九一五）四月十五日付の渡部與宛ての書簡には「小生身体に故障これなき限り」学資を送ることを記し「人生行路の難きは、かねて御教訓にもこれあり」として、不幸に襲われた恩師を励ましている。

男《おとこ》の修業《しゅぎょう》(行)
苦《くる》しいこともあるだろう。
いいたいこともあるだろう。
不《ふ》満《まん》なこともあるだろう。
腹《はら》の立《た》つこともあるだろう。
泣《な》きたいこともあるだろう。
これらをじっとこらえてゆくのが
男《おとこ》の修《しゅ》業《ぎょう》である

出典不明

巷間《こうかん》に伝わった山本五十六の言葉で、猛訓練に苦しむ兵のために書いてやったという。

山本五十六は航空隊、艦隊をあずかると、質の向上をはかるために猛訓練を士官・兵をとわず課している。そのために下士官・兵に軋轢《あつれき》が発生して、制裁が行われることがあった。山本五十六はそのことを憂慮し、慰めるだけではなく、自己の役割を説いたのがこの言葉だといわれている。現在、いくつかの自書だというものも伝わっているが定かでない。伝聞によると軍艦のトイレに貼って、兵がみたというものであるから、おそらく書き写しが多いと思われる。

百年《ひゃくねん》、兵《へい》を養《やしな》うは、国家《こっか》の平和《へいわ》を守護《しゅご》せんが為《た》めである。

反町栄一著『人間・山本五十六』

「対米交渉が成立したならば、（昭和十六年）十二月七日午前一時までに、本職より出動部隊に引き揚げを命令する、命令を受領したならば即時撤退帰来せよ」と山本五十六連合艦隊司令長官が指示すると二、三の前線指揮官は異議《いぎ》を唱えたという。「我らは、その時期には、すでに敵中に飛び込んでいる。実際上これは実行不可能」だというのである。

そのとき毅然として発した山本五十六の言葉が「百年兵を養うのは何のためか」というのである。武官という職にある者は、交渉をする文官とともに、国を守るという意義を知るべきであるというのである。

「この命令を受けて、帰還不可能と信じる指揮官は即刻辞表をだせ」と迫った山本五十六の決意はたとえ、追いつめられても国益を優先する決断というものの真骨頂をみせつけてくれる。

この発言は昭和十六年（一九四一）十一月二十三日、山口県徳山において海軍指揮官を集め真珠湾攻撃を命じた際のものという（ただし岩国基地という説もある）。

小敵《しょうてき》たりとも侮《あなど》らず、大敵《たいてき》たりとも懼《おそ》れず。

山本元帥　前線からの書簡集

昭和十六年（一九四一）一月二十一日付、笹川良一宛て書簡の一節。この「小敵たりとも云々」は、いくつかの書簡などに引用されている。たとえば長岡出身の上松蓊に送った昭和十六年十二月十七日付の書簡にも「小敵を侮らざる事は大敵を懼れざるよりも大切と感じ申候」と書いている。

特に笹川良一宛ての書簡は、戦争中、コピーされて巷間に出回ったが、その内容はホワイトハウスに日章旗を掲げる気持ちがないと、日本は戦争に勝てないぞというものであった。

己れの実力を知っていたからこそ、緒戦の勝利だけに喜びたつ、国民をなだめたのかもしれない。

また、開戦直前に友人の堀悌吉に「個人とその意見と正反対の決意を固めた。いまの立場は誠に変なものだ。これも天命か」と述べている。

太平洋《たいへいよう》といふ少々《しょうしょう》、広過《ひろす》ぎる別荘《べっそう》に常住《じょうじゅう》して居《お》るから、
家《いえ》は貧弱程《ひんじゃくほど》なつかしいのです。

山本元帥　前線よりの書簡集

郷里長岡の親友棚野透の姪で、西山喜久松に嫁した西山伊豆子宛ての昭和十七年（一九四二）二月末の書簡の一節。西山伊豆子には、たびたび親書を出している。まるで妹のような感覚であったらしい。三十六歳の山本五十六が、アメリカのボストンに英語の学習留学していた際の十四歳の伊豆子に宛てた書簡は有名だ。「日本人女性の婦徳とアメリカ人女性の進取の気象の双方を兼ね備えれば、日本の国力はアメリカ以上になる」と断言している。

戦場を広すぎる別荘としたのは、非難もあろうが、山本五十六自身の諧謔《かいぎゃく》性を理解してやるべきだろう。どんなに苦難に陥っても、ユーモアを忘れない人間が立ち直れるものだ。そして、いま以上に苦しかったことを乗り越えてきた若いころを思い出すものだ。

家が貧弱なことは決して恥ではない。むしろ、懐かしんで、心の糧とする五十六の生活信条とする強靭《きょうじん》さがあったと思う。

唯《ただ》此《この》の戦争《せんそう》が何十年《なんじゅうねん》続《つづ》くかと思《おも》ふのとき、宇宙《うちゅう》の一小《いちしょう》黒子《こくし》 地《ち》球上《きゅうじょう》の如何《いか》に騒々《そうぞう》しきかに憮然《ぶぜん》たるもの有之《これあり》候《そうろう》。

昭和十六年（一九四一）十月十一日付、渡部重徳宛書簡

「宇宙の一小黒子」とは面白い表現である。それは己れのことなのか、もしくは次の字句の地球、そのものが一小黒子であるのか意味は深長である。むしろ、日中戦争も含め、この戦争はあと何十年続くものだとしたところに山本五十六の戦争分析がみえる。ところが山本自身は日中戦争が続き、新たな対米戦争が始まるとすれば、日本の軍備の弱体を知っていたから、それに対抗できない自分を小黒子といったのかもしれない。

宛先の渡部重徳は山本五十六の阪之上小学校の担任であった渡部與の養子である。與の長女與喜子は、山本五十六の援助で学校を卒業しているが、その夫が重徳である。

この書簡日付は昭和十六年（一九四一）十月二十日付であり、やがて戦いの火ぶたが切られようとする直前の心境があらわれている。

取《と》れぬ先《さ》きの豊作《ほうさく》などは油断大敵《ゆだんたいてき》。

反町栄一著『人間・山本五十六』

昭和十七年（一九四二）七月ごろ、反町栄一宛て書簡の一節。このころ、新潟県内の中等学校では海軍関係学校の入学志願者が急増した。そこで県内校長会議で、兵学校入校者を数多く出した優秀校に山本五十六の揮毫をもらいたいと、校長会長が手紙を差しあげたことがあった。それに対し、反町栄一宛てに返事があった。

「先日、某校長さんより、某県下最優秀校に揮筆贈与の件、中し越され候が左の件は如何かと被存候。第一揮筆の如きものを、賞品か何かの様に贈与する事は、誠に汗顔の次第（嘗て艦隊にて、某長官が士官の拳銃競点射撃優勝者に賞与して、自筆を与へられたるを見たる小生は、東郷大将ならば、決してかかる事はなされ間敷と思ひし事有之）なると共に普遍的教育を目的とする中学又は国民学校に海軍偏重主義を奨励するが如く見らるる嫌ある様に思はるるが為」と書き送り、末尾に晴天の続く夏の日を思い、米作を心配して「取れぬ先きの豊作などは油断大敵」としめくくっている。

人《ひと》は真剣《しんけん》になると、自然《しぜん》に口数《くちかず》が少《すく》なくなるものだ。多《た》人数《にんずう》、集《あつ》まったところでも、真剣《しんけん》の気《き》、漲《みな》ぎるときは、満堂寂《まんどうじゃく》として、人《ひと》のざわめきさえもなくなる。国《くに》の中《なか》でも同《おな》じこと、報道《ほうどう》など、静《しず》かに真相《しんそう》を伝《つた》えれば、それで十分《じゅうぶん》だ。太鼓《たいこ》をたたいて浮《う》きたたせる必要《ひつよう》はない。公《こう》報《ほう》や報道《ほうどう》は絶対《ぜったい》に嘘《うそ》を云《い》ってはならぬ。嘘《うそ》を云《い》う様《よう》になったら、戦争《せんそう》は必《かな》らず敗《ま》ける。

反町栄一著『人間・山本五十六』

太平洋戦争の緒戦のころ、日本海軍は連戦連勝に沸いた。世論も膠着《こうちゃく》した日中戦争よりも、太平洋や東南アジアの華々しい戦勝に、酔い痴《し》れた。当然、全海軍の頂点にいた山本五十六連合艦隊司令長官に輿望《よぼう》が集中した。海軍次官だった山本五十六を三国同盟反対というだけで嫌った国民の一部でさえ凱旋《がいせん》を望んだのである。

山本五十六はそういった風潮ににがにがしく対応した。

昭和十七年（一九四二）三月なかばごろ、ある夜に幕僚休憩室に四、五名の参謀と長官が談笑していた際、話が軍艦マーチ入りの報道に及んだところ、今までにこにこしていた山本五十六の顔が急に不快になって、このようなことになったという。

実戦《じっせん》では自分《じぶん》の動作《どうさ》一《ひと》つで、部下《ぶか》などは手足《てあし》同様《どうよう》に動《うご》くのだから、夫《それ》よりは自分《じぶん》自身《じしん》の本当《ほんとう》の修養《しゅうよう》訓練《くんれん》自戒《じかい》自省《じせい》といふ様《よう》なことを一生《いっしょう》懸命《けんめい》に心《こころ》がけるべきだと考《かんが》えます。

甥の気次郎の長男・高野亨に宛てた昭和十八年（一九四三）二月初めごろの書簡

修養《しゅうよう》訓練《くんれん》、自戒《じかい》自省《じせい》といふ様《よう》なことを一生《いっしょう》懸命《けんめい》に心《こころ》がけるべき。

反町栄一著『人間・山本五十六』

高野亭は当時、早稲田大学に在学中で、志願して出征することが決まっていた。そこで高野亭はどのように海軍の下級士官として兵を指導したらよいか質問のような書状を山本五十六に差し出した。それは、昭和十七年十二月十二日付のものであったが、トラック諸島の連合艦隊司令部には、相当の日時を経て到着したものらしい。

早速、山本五十六は高野亭に返信した。

「之から先は、今迄の様な手軽い戦ではない事を充分覚悟して、本当の激戦の科学的戦闘法の研究が必要です」と述べたのちに「近代的火兵を相手に戦をするには、夫れ相応の準備と智識とが必要で、ただ突進して見た処で決して成功しません（中略）死ぬことを匆躰らしく口にするなどは未だ修養も何も出来て居らぬ証拠に過ぎないから、そんな事をたびたび訓示する必要もなし。実戦では自分の動作一つで部下などは手足同様に動くのだから、夫よりは自分自身の本当の」と述べたのちにでた言葉である。

敵《てき》は敢《あえ》て恐《おそ》れざるも、味方《みかた》には恐《おそ》れ入《い》ることもあり。世《せ》相《そう》紛《ふん》々《ぷん》といふべきか。

昭和十七年（一九四二）十一月末、目黒真澄宛書簡

旧制長岡中学校の同級生目黒真澄は、この書簡を、昭和十八年（一九四三）七月発行の雑誌『日本』（大陸講談社）に「山本元帥を偲びて」に発表している。

「私はその文面を前にして、前線にあって銃後を深く憂へてをられた今は亡き山本元帥の心中を思ひはかり、甚《はなは》だしい自責の念に打たれたのであった。戦に出てゐても、常に銃後をかへりみ、世間のことを考へ、何か心配をしながら書いたのではないかといふ気が、しみじみと私に感じられたのである。元帥は軽率な上ッ調子なことは大嫌ひの人であった。緒戦の大勝に、ややもすると銃後国民の心持は上ッ調子になりがちではなかったとはいへない。さうした点をかへりみて『恐れ入ることもあり』と書いたのではないかと私は思ひつつ読んだ」

他にも郷党に「銃後」のはなはだしい認識不足を吐露する書簡があるが、味方が足を引っぱるような戦は勝てないだろう、と結んでいる。

人生《じんせい》の窮極《きゅうきょく》は真《しん》たるべく、之《これ》に達《たつ》するは誠《まこと》のみ。

反町栄一著『人間・山本五十六』

姉高橋加寿の養子金作宛ての昭和十七年（一九四二）十月初めの書簡の一節。金作に子どもが生まれることになった。そこで金作は山本五十六に命名してもらいたい旨依頼したところ「真か誠にしなさい」と返信があった。

五十六は二男、忠夫にも誠という名を与えたかったらしいことが山本義正著の『父・山本五十六』にもある。明治天皇御製の「人の世に立たむ教はあまたあれど、誠一つのほかなかりけれ」を揮毫し、また東郷平八郎（日露戦争の際、日本海海戦の連合艦隊司令長官）の座右銘の「終始一誠意」を山本五十六も自らの心の中心に置いたという。

※良寛《りょうかん》禅師《ぜんじ》の御《おん》歌《うた》中《ちゅう》、小生《しょうせい》の心膽《しんたん》をさすもの有之《(これあり)》。

指《ゆび》おりてうち数《かぞ》ふればなき友《とも》の
かぞへがたくもなりにける哉《かな》。

山本元帥　前線よりの書簡集

※良寛禅師＝（一七五八〜一八三一）生年については異説もあるが宝暦八年越後国三島郡出雲崎町の名主山本以南の長男として生まれた。十八歳のとき出家。備中玉島の円通寺で修行。三十八歳ごろ帰郷し、越後各地を托鉢しながら、庶民とともに、その芸術性を高めた書と和歌、漢詩などを残した。天保二年一月六日没した。

山本五十六が越後の僧、良寛に早くから関心をしめしていたことは知られている。良寛は天保二年（一八三一）一月に没していて、その書風、詩歌、行蔵《こうぞう》（生きざま）などが慕われていた。海軍少佐時代は良寛全集等を読破していたが、良寛研究家の相馬御風と交信をはじめたのは、山本五十六が連合艦隊司令長官となったころのようである。

新潟県糸魚川市の相馬御風記念館では八通の山本五十六発信、相馬御風宛ての書簡を所蔵しているが、昭和十七年（一九四二）五月から翌年の三月末日までのものである。

さて、山本五十六が何故に良寛に関心を持ったかは興味のあるところであるが、反町栄一著の『人間・山本五十六』に小沢治三郎に「良寛和尚は、自分の最も崇拝する謙信公と共に、越後の生んだ二大偉人だ。自分は大正三年母校長岡中学の先生西郡久吾氏著『北越偉人沙門良寛全伝』、同六年相馬御風氏著『大愚良寛』等を初め、良寛に関する文献はなるべく渉猟したつもりだが、歌はまだ序の口だよ」と自分の作歌を謙遜《けんそん》したとある。

あと百日《ひゃくにち》の間《あいだ》に、小生《しょうせい》の余命《よめい》は全部《ぜんぶ》すりへらす覚悟《かくご》に御《ご》座《ざ》候《そうろう》。椰子《やし》の葉《は》かげより。

昭和十七年（一九四二）九月、上松翁宛前線よりの書簡

上松翁は長岡市出身の生物学者。南方熊楠の高弟。山本五十六が高野姓であったころから、恩師渡部與を通じて親交があった。五十六も翁も旧長岡藩士族だが、翁の方が九歳年上だった。互いに腹蔵なく話し合えるほどの信頼関係にあり、二人の往復書簡は山本五十六の心境を映し出すものとして、よく使われる。

たとえば、上松が真珠湾攻撃の快挙を誉め、山本大将は偉くなって近づけもできない旨を手紙に書くと「アッキャ、オラ何日だって、矢っ張高野のオジだがに」と謙遜《りんそん》している。このときも「此大戦には、所詮小生にも有言の凱旋などは思も寄らぬ」と覚悟のほどを吐露している。

あるとき、参謀の三和義勇と黒島亀人が激論していると、山本五十六がその場に入り、「日本海海戦の秋山真之が本当に偉いのは、あの日露戦争の一年半で心身をすり減らして東郷平八郎元帥を補佐したことだ。軍人の本分はこれだ。お互いにこの戦争に心身をすりつぶすことができるのは光栄の至りだ」と述べて、二人の間をなだめたという。

一《ひと》とせをかへりみすれは亡《な》きともの
数《かぞ》へかたくもなりにける哉《かな》

なるも、夫《そ》れ丈《だ》け小生《しょうせい》も此世《このよ》にも、あの世《よ》にも等分《とうぶん》に知《ち》己《き》や可愛《かわい》い部下《ぶか》が居《お》ることとなり、往《い》って歓迎《かんげい》をして、貰《もら》ひ度《た》くもあり、もう少々《しょうしょう》此世《このよ》の方《ほう》で働《はたら》き度《たく》もあり、心《こころ》は二《ふた》つ、身《み》は一《ひと》つといふ處《ところ》にて候《そうろう》。

昭和十八年（一九四三）二月、城戸忠彦海軍少将宛書簡

越後（新潟県）の江戸時代の僧、良寛につぎのような歌がある。

指おりてうち数ふればなき友の
かぞへがたくもなりにける哉

良寛がふと人生を振りかえってみて、亡き友の顔を思い浮かべている歌である。山本五十六は良寛を慕っていたし、その文献を読みあさっていたことはよく知られている。この歌も、ちょうど昭和十七年（一九四二）十二月八日の開戦一周年に詠んでいる。

海軍兵学校の同期の城戸少将に昭和十八年二月初頭の日付で送っている。

山本五十六は開戦直後の訓示のなかで「本職ト生死ヲ共ニセヨ」と部下に話している。人一倍、愛情を大切にする山本五十六にとって、たくさんの部下の死は大きな痛手となっていた。

昭和十七年春作に「益良雄《ますらお》の行くてふ道をゆききはめ　わが若人ら遂にかへらす」とある。

俺《おれ》が殺《ころ》されて、国《こく》民《みん》が少《すこ》しでも考《かん》え直《なお》してくれりゃぁ、
それでもいいよ。

武井大助宛書簡

冗談とも、本気とも解されるこの言葉は、武井大助宛ての書簡のなかにある。武井は海軍の会計や財政を司る主計長であるが、それと同時に歌人でもあった。

山本五十六は僧良寛の歌集や万葉集に関心を持っていて、自身も和歌を詠んだ。明治天皇の御製を深く愛好したのは軍人と和歌の思いを切実に感得できるものであったにちがいない。

戦争も激しくなると、銃後と前線との間はとかく齟齬《そご》が起きやすい。まず軍需品の補給が思うようにはかどらない。銃後も頑張っているかもしれないが、前線はもっと苦しい。最高指揮官として、つい本音を主計長に洩らしたのかもしれない。

征《せい》戦《せん》以《い》来《らい》、幾《いく》万《まん》乃《（の）》忠《ちゅう》勇《ゆう》無《む》雙《そう》能《（の）》将《しょう》兵《へい》磐《（は）》、命《いのち》越《（を）》ま登《（と）》爾《（に）》、奮《ふん》戦《せん》志《（し）》、護《ご》国《こく》の神《かみ》と奈《（な）》り満《（ま）》之《（し）》ぬ、あゝわれ何《なん》の面《めん》目《もく》加《（か）》阿《（あ）》りて見《まみ》えむ大《おお》君《きみ》爾《（に）》、将《はた》又《また》逝《ゆ》支《（き）》し戦《せん》友《ゆう》能《（の）》父《ふ》兄《けい》耳《（に）》告《つ》希《（げ）》む言《こと》葉《ば》なし、身《み》ハ《（は）》鉄《てっ》石《せき》丹《（に）》あら春《（ず）》と毛《（も）》、堅《かた》き心《こころ》の一《いっ》徹《てつ》爾《（に）》、敵《てき》陣《じん》深《ふか》く切《き》り込《こ》見《（み）》て日《にっ》本《ぽん》男《だん》子《し》能《（の）》血《ち》を見《み》世《（せ）》む、い左《（ざ）》まて志《（し）》者《（ば）》之《（し）》若《わこ》人《うど》ら、死《し》出《で》の名《な》残《ごり》の一《いっ》戦《せん》を、華《はな》々《ばな》しくも戦《たたか》ひ《（い）》て、やが亭《（て）》阿《（あ）》と追《お》ふ《（う）》和《（わ）》連《（れ）》奈《（な）》る楚《（ぞ）》

反町栄一『人間・山本五十六』及び自筆書幅

「昭和十七年（一九四二）九月末述懐」と記されていたこの書は、昭和十八年四月十八日に山本五十六が戦死したのち、トラック島にあった旗艦「大和」の長官私室の机の引き出しから、藤井茂参謀がみつけたものである。藤井参謀によれば戦死が確実になったとき、磯部機関参謀と二人で長官私室の整理の際、偶然、みつけたという。半折の唐紙に書かれた書を二人は手にとって黙読し、互いに見合わせて、山本五十六の覚悟を察したというのである。

山本五十六関係年譜

年号	西暦	年齢	事項
明治十七	一八八四	一	四月四日、新潟県古志郡長岡本町玉蔵院町（新潟県長岡市東坂之上町三丁目）に生まれる。父は旧長岡藩士族高野貞吉、母は峯。父が五十六歳のときに生まれたので、五十六と命名された。六男。
二十三	一八九〇	七	四月、長岡本町阪之上小学校に入学。
二十九	一八九六	十三	四月、古志郡立長岡中学校に入学。長岡社の貸費生。
三十	一八九七	十四	米山登山。十月甥の力が死亡。
三十四	一九〇一	十八	三月、新潟県立長岡中学校を卒業。七月、海軍兵学校入校を受験し、入学成績一番・塩沢幸一、二番・高野五十六、三番・堀悌吉。十二月、海軍兵学校に入校。
三十七	一九〇四	二十一	十一月、海軍兵学校卒業。海軍少尉候補生、韓崎丸乗組。
三十八	一九〇五	二十二	一月、日進乗組。五月二十七日、日本海海戦において負傷。八月、海軍少尉。
三十九	一九〇六	二十三	二月、須磨乗組。

			八月、鹿島乗組。 十二月、見島乗組。
四十	一九〇七	二十四	四月、陽炎乗組。 八月、海軍砲術学校普通科学生。 九月、海軍中尉。 十二月、海軍水雷学校普通科学生。
四十一	一九〇八	二十五	四月、春雨乗組。 六月、阿蘇乗組。
四十二	一九〇九	二十六	十月、練習艦隊宗谷分隊長心得。 十月、海軍大尉宗谷分隊長。
四十三	一九一〇	二十七	二月、遠洋航海。 十二月、海軍大学校乙種学生。
四十四	一九一一	二十八	五月、海軍砲術学校高等科学生。 十二月、海軍砲術学校教官兼分隊長、海軍経理学校教官。
大正　元	一九一二	二十九	十二月、佐世保予備艦隊参謀、新高砲術長。
二	一九一三	三十	二月、父貞吉死去。 八月、母峯死去。
三	一九一四	三十一	五月、横須賀鎮守府副官兼参謀。 十二月、海軍大学校甲種学生。

年号	西暦	年齢	事項
四	一九一五	三十二	十二月、海軍少佐。
五	一九一六	三十三	九月、山本家を嗣ぐ。
			十二月、第二艦隊参謀。
六	一九一七	三十四	七月、海軍省軍務局員、海軍教育本部部員、海軍技術本部技術会議議員。
七	一九一八	三十五	八月、福島県会津若松市旧会津藩士族の三橋康守の三女禮子と結婚。
八	一九一九	三十六	四月、アメリカ合衆国駐在。
			十二月、海軍中佐。
十	一九二一	三十八	八月、北上副長。
			十二月、海軍大学教官。
十一	一九二二	三十九	十月、長男義正誕生。
十二	一九二三	四十	六月、欧米各国へ出張。
			十二月、海軍大佐。
十三	一九二四	四十一	十二月、霞ヶ浦海軍航空隊教頭兼副長。
十四	一九二五	四十二	一月、霞ヶ浦海軍航空隊副長兼教頭。
			五月、長女澄子誕生。
			十二月、アメリカ合衆国日本大使館付武官。
昭和二	一九二七	四十四	七月、ワシントン国際無線電信会議に出席。
三	一九二八	四十五	三月、海軍軍令部出仕。

			八月、五十鈴艦長。 十二月、赤城艦長。
四	一九二九	四十六	五月、二女正子誕生。 十一月、ロンドン軍縮会議に随員として出席、同月海軍少将。
五	一九三〇	四十七	九月、海軍航空本部出仕。 十二月、海軍航空本部技術部長兼海軍技術会議議員。
七	一九三二	四十九	十一月、二男忠夫誕生。
八	一九三三	五十	十月、第一航空戦隊司令官。
九	一九三四	五十一	八月、墓参のため帰省、長岡社の会合に出席。 九月、ロンドン軍縮会議予備交渉の海軍代表、代表は駐英大使松平恒雄。 十一月、海軍中将。
十	一九三五	五十二	二月、海軍省出仕兼軍令部出仕。 四月、帰郷、母校阪之上小学校・長岡中学校講演。 十二月、海軍航空本部長。
十一	一九三六	五十三	十二月、海軍次官。海軍大臣永野修身。十二年七月から米内光政。
十四	一九三九	五十六	八月、連合艦隊司令長官兼第一艦隊司令長官。
十五	一九四〇	五十七	九月、日本が三国同盟に調印。 十月、特別観艦式指揮官。 十一月、海軍大将。

年号	西暦	年齢	事項
十六	一九四一	五十八	十二月、極秘に上京。 十二月八日、真珠湾攻撃。
十七	一九四二	五十九	四月十八日、日本本土にアメリカ軍の空襲。 六月、ミッドウェー作戦で大敗。 八月、ラバウル進出。
十八	一九四三	六十	四月十八日、ブーゲンビル島上空で米軍機に撃墜され戦死。 五月、元帥。 六月五日、国葬。

（年齢は数え年としました）

主な参考文献

反町栄一『人間・山本五十六』上　光和堂　昭和三十一年（一九五六）十一月
反町栄一『人間・山本五十六』下　光和堂　昭和三十二年三月
米内光政述『常在戦場』大新社　昭和十八年（一九四三）十二月
山本義正『父・山本五十六』恒文社　平成十九年（二〇〇七）八月
廣瀬彦太『山本元帥・前線よりの書簡集』東兆書院　昭和十八年十月
渡邊幾治郎『史傳・山本元帥』千倉書房　昭和十九年八月
井上成美伝記刊行会編『井上成美』井上成美伝記刊行会　昭和五十七年十月

あとがき

昭和十八年（一九四三）六月五日、山本五十六の国葬が東京の日比谷公園で厳粛にとり行われているほぼ同時刻に、広島県江田島の海軍兵学校で、校長の井上成美中将が全生徒を前に講話をしている。かつて、海軍省で米内光政大臣、山本海軍次官、井上成美軍務局長の三人で三国同盟の成立に反対した仲間として、山本五十六の死を惜んだからにほかならない。井上はいつものように淡々と精神講話をしたにすぎなかったかもしれないが、そこには愛惜の情と、やがて戦場に赴く生徒たちに、真の山本五十六の生き方を教えたかった思いがあったにちがいない。

その内容が伝わっているので紹介してみよう。

偉人を崇拝して、其の言行に倣ひ自己を磨くことは修養の捷径《しょうけい》であり、就中《なかんずく》、之《これ》に依《よ》り自己の言行に実行の力を与へらるる点に於ては大変良いことである。然《しか》し其の遣《や》り方を誤ると大変なことになる故、慎重なる注意を要する。それは何《ど》う云ふ点かと云ふに、偉人英雄の言行を無批判に真似ることの危険な点である。之に関し、注意すべき点が三つある。

第一は、凡《およ》そ人の言行を世人が伝へる場合に、外部に表はれた言行のみを伝へ、其の人が如何《いか》なる気持、又如何なる理由で、さうしたかと云ふことを併せ考へずに、無責任に之を伝へることが多いと云ふ点。

第二には、人の言行には、其の人をして、左様な言行をなさしめた当時の世の中なり、社会の情況、其の他周囲の状況を併せ考へなければ意味をなさないのみか、時には大変な誤解に到達する惧《おそ》れのある点。

第三には、凡そ吾人は崇拝する人の精神に倣はんことを努むべきであって、其の精神を体得もせず、又、身の程も反省せずに、枝葉の言行のみを真似る様なことをすべからずと云ふ点。此の三つに注意が肝要である。

今後も山本元帥の言行録や伝記の様なものが、続々と世に出で、諸子の修養に豊富な材料を提供することと思ふが、ここに述べた三点の注意を忘れずに、真面目に修養すべきである。(原文カタカナ)

「故山本元帥国葬ニ際シ校長講話」（昭和十八年六月五日）

というものである。決して、井上成美が山本五十六という人物像を美化して、生徒たちにその死に殉じさせようとは思わなかったことがよく伝わっている。

そういった思いをこめて、この書をまとめた。また、山本五十六が発した名言・格言は数多く存在する。今回は郷里長岡に関するものを中心に記述した。資料も管見で一部ののなかから、恣意《しい》的に抽出したものであることをお断りしておきたい。このたびも、新潟日報事業社の新保一憲さんには大変、お世話になった。深く感謝します。

稲川　明雄

平成二十三年七月

稲川　明雄（いながわ・あきお）
一九四四年―二〇一九年、新潟県長岡市生。
長岡市立互尊文庫司書・資料係長。長岡市史編さん室長、長岡市立中央図書館長・文書資料室長、長岡市都市計画課嘱託　長岡市河井継之助記念館長
長岡郷土史研究会編集事務　長岡郷土史研究会顧問、長岡ペンクラブ編集事務　互尊文芸編集人　㈱エヌ・シィ・ティ（長岡ケーブルテレビ）歴史アドバイザー
新潟日報カルチャー教室（長岡）講師・NHK文化センター（新潟）講師

著書
『長岡城燃ゆ』（恒文社）一九九一年
『長岡城奪還』（恒文社）一九九四年
『長岡城落日の涙』（恒文社）二〇〇一年
『河井継之助―立身は孝の終わりと申し候』（恒文社）一九九九年
『長岡藩』（現代書館）二〇〇四年
『龍の如く―出版王大橋佐平の生涯』（博文館新社）二〇〇五年
『互尊翁―野本恭八郎』（新潟日報事業社）二〇〇六年
『北越戊辰戦争史料集』（新人物往来社）二〇〇一年
『新潟県人物小伝　河井継之助』（新潟日報事業社）二〇〇八年
『新潟県人物小伝　山本五十六』（新潟日報事業社）二〇〇九年
『新潟県人物小伝　小林虎三郎』（新潟日報事業社）二〇一〇年
『河井継之助のことば』（新潟日報事業社）二〇一〇年
『風と雲の武士・河井継之助の士魂商才』（恒文社）二〇一〇年
『長岡築城物語』（長岡新聞社）二〇一四年

共著
『米百俵と小林虎三郎』（東洋経済新報社）二〇〇一年
『河井継之助―幕末の風雲児』（考古堂書店）二〇〇一年
『米百俵の心―小林虎三郎の英断』（考古堂書店）二〇〇一年
ほか

山本五十六のことば

平成23(2011)年８月４日　初版第１刷発行
令和５(2023)年８月８日　初版第13刷発行

著　者　稲川　明雄
発行者　中川　史隆
発行所　新潟日報メディアネット
【出版グループ】
〒950-1125
新潟市西区流通3-1-1
TEL 025-383-8020　FAX 025-383-8028
https://www.niigata-mn.co.jp

乱丁・落丁本は送料小社負担にてお取り替えします。
定価はカバーに表示してあります。

ISBN978-4-86132-465-9

河井継之助のことば

幕末、彗星のごとく現れた風雲児・河井継之助に運命を委ねた長岡藩は、継之助とともに風塵の霧と消え果てた。しかし、継之助の箴言を心の糧に志を立てた多くの若者が輩出し、荒廃した長岡はよみがえるのである。

眼《め》を開《ひら》け、
耳《みみ》を開《ひら》かなければ、
何事《なにごと》も行《おこな》はれぬ。

見苦《みぐる》しいことを
せずと、
武士《ぶし》の絶《た》えぬ
うちに
死《し》んだ方《ほう》が
よからう。

民《たみ》は国《くに》の本《もと》
吏《り》は民《たみ》の雇《やとい》

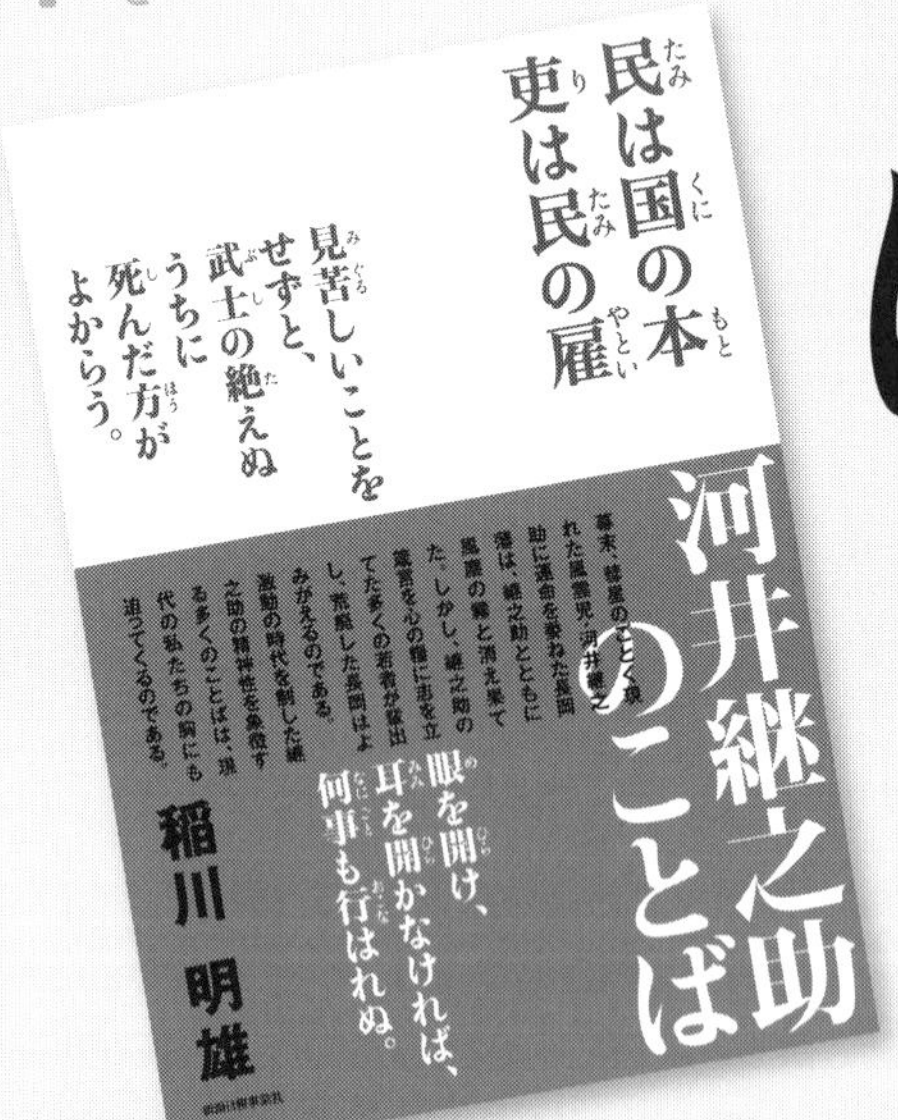

稲川　明雄

● 定価（本体1,000円＋税）

継之助の行くところ風雲が巻き起こった。風雲児といわれる所以である。それは強い無謀な権力に立ち向かう勇気があったからこそ名づけられた代名詞だった。改革にせよ、戦争指導にせよ、画期的な事績を残した継之助の人生を検証すれば未来に生きる資本となることだろう。

新潟日報メディアネット
【出版グループ】　〒950-1125 新潟市西区流通 3-1-1　TEL 025-383-8020　FAX 025-383-8028
https://www.niigata-mn.co.jp